AF229301

LA PATRIE ET L'ÉTAT

LA
PATRIE ET L'ÉTAT

DISCOURS

PRONONCÉ

Le 3 Août 1884

A la Distribution des Prix du Collège de Bernay (Eure)

PAR

M. LÉON TYSSANDIER

PROFESSEUR DE LETTRES

BERNAY

IMPRIMERIE VEUVE ALFRED LEFÊVRE

Mlles J. et A. Lefèvre, successeurs

1888

LA PATRIE ET L'ÉTAT

DISCOURS

*Prononcé le 3 Août 1884, à la Distribution des Prix
du Collège de Bernay (Eure)*

Par M. Léon TYSSANDIER

PROFESSEUR DE LETTRES

MESSIEURS,

Les Républiques de l'antiquité apprenaient
aux enfants, dans les écoles, à connaître et à
aimer l'État. Longtemps on négligea en
France cette importante question. Louis XIV
disant : « L'État, c'est moi, » croyait que
l'histoire de sa famille, c'était l'histoire du
peuple français. En réunissant leurs intérêts,
Messieurs, en fondant la Société, les hommes
choisissent un gérant, mais non un maître. Il
faut donc apprendre aux jeunes gens, dès le
Collège, à s'occuper sagement des affaires
publiques, avec le soin qu'ils doivent à leurs

propres intérêts et le dévouement qu'ils doivent aux intérêts de tous. En regard de la Déclaration des droits de l'Homme, nous écrivons la Déclaration des devoirs. Nous donnons à nos élèves la meilleure leçon de patriotisme, parce que l'amour suppose l'égalité. Avant 1789, il y avait dans notre pays des Normands, des Bretons, des Bourguignons ; des nobles, des bourgeois, des gueux : à présent, il n'y a plus en France que des Français.

Laissez-moi vous parler aujourd'hui de la Patrie et de l'État. Ce sujet m'appartient, puisque, en enseignant la philosophie morale, j'ai à traiter des devoirs civiques. Et puis, n'est-il pas doux de prononcer ces mots qui sont un lien entre les cœurs, et qui circulent comme un fluide bienfaisant dans une assemblée publique ? Assez d'objets divisent les hommes, pour que nous aimions à descendre sur un terrain commun, dans ce jour qui est la fête de la jeunesse, le jour du triomphe et de la liberté.

La Patrie, Messieurs, n'est pas le lieu où l'on est, où l'on passe ; c'est l'endroit qui fut le berceau de notre famille, et celui où nous avons été élevés nous-mêmes. La loi française a compris que l'origine devait, plus encore que le lieu, déterminer la nationalité. Si le hasard nous a fait naître de parents français sur le sol anglais, en sommes-nous moins français pour cela, surtout si nous avons été élevés en France? La Patrie est donc l'extension de la famille; elle est constituée, non-seulement par la communauté d'intérêts, par le voisinage, par l'unité de langage, mais elle suppose l'amour, qui pourra s'élever au besoin jusqu'au sacrifice. Elle devient ainsi une personne morale que nous aimons comme notre père et notre mère. Châteaubriand raconte que les Natchez, errant à travers les savanes, emportaient avec eux les ossements de leurs ancêtres et s'en faisaient un pieux oreiller dans le voyage. Ils n'avaient pas de foyer, mais ils avaient une patrie : elle était dans ces restes sacrés qui représentaient pour eux toute la tradition, tout le passé !

L'histoire nous apprend comment se forme l'unité nationale. Elle est l'œuvre des siècles; elle commence par la famille, qui est le principe de toute société, et elle s'accroît souvent par la conquête. Si les conquérants, au lieu de faire sentir le joug aux vaincus, leur assignent les mêmes devoirs et les mêmes droits, l'égalité s'établit, l'union se fortifie, les races se confondent ; et des peuples qui ont la même langue, les mêmes libertés, les mêmes lois, les mêmes ancêtres deviennent une nation. La Féodalité avait morcelé la France, la Révolution en fonda définitivement l'unité. Aujourd'hui, cette unité est partout, Messieurs : dans les codes et dans les cœurs. Quand le connétable de Bourbon s'alliait aux Impériaux, son suzerain seul en ressentait l'injure ; maintenant, le mot de traître serait sur toutes les lèvres. La Chevalerie n'est plus un privilège ; il n'y a plus ni veillée des armes, ni accolade, ni investiture : naissant citoyens, nous naissons chevaliers.

J'ai défini l'idée de la Patrie ; il est un autre mot plus complexe encore, l'État. Faire l'histoire de ce mot, ce serait faire l'histoire de l'humanité. Oserai-je en donner une définition ? — Oui, en prenant pour fondement la loi morale, cette autorité devant laquelle pâlissent tous les préjugés et tous les systèmes.

Il faut, à la tête d'une nation, un pouvoir qui représente les intérêts communs et les sauvegarde. Ce pouvoir, c'est l'État; c'est la *Société organisée*, indépendamment d'ailleurs du mode d'organisation. Sous le règne du bon plaisir, l'État se confondait avec l'homme dont la volonté absolue était la seule loi; dans les pays démocratiques, l'État est l'ensemble de tous les pouvoirs régulièrement constitués pour assurer l'ordre et la sécurité sociale : c'est le service des bureaux qui protège les intérêts de l'association, de même que la comptabilité d'une maison de commerce en garantit l'économie.

Depuis Platon, il y a des utopistes qui, personnifiant l'État, lui demandent toutes sortes de biens. Mais le bien-être vient d'ailleurs. L'État, ce n'est pas un trésor, c'est l'équilibre; s'il donne d'une main, il faut qu'il reçoive de l'autre. Nous ne pouvons espérer la richesse qu'autant qu'elle est le résultat de notre travail. C'est aux lois à empêcher que le labeur de l'un ne profite à l'autre; mais la Loi, en protégeant la Propriété, n'a pas le droit d'organiser la fortune publique. Les biens que nous avons acquis par succession ou par l'effort de notre activité n'appartiennent qu'à nous. Ainsi, tandis que chaque homme s'occupe de ses intérêts particuliers, on peut dire que l'État est la personne fictive qui protège les intérêts matériels et moraux de la communauté. Un pouvoir régulièrement constitué n'est donc pas arbitraire : l'autorité publique a pour fondement l'ordre social. Il faut, à la tête d'un pays, une puissance supérieure qui n'agira que pour le bien général et qui, en parlant au nom de la Loi, assurera le respect de tous les droits qui sont l'apanage de la liberté humaine.

Or, puisque nous ne reconnaissons d'autre principe à cette autorité que l'ordre social, autrement dit la liberté, — liberté pour tous, — qui est l'idéal de la vie des peuples, nous ne pouvons admettre que le sort d'une nation repose sur la vie d'un seul homme. Il faudrait qu'il eût une bien grande sagesse, celui qui pourrait gouverner avec équité si son caprice faisait loi. Eût-il les lumières réunies des sept Sages de la Grèce, il ne saurait tenir lieu des tables sacrées. A la mort de ce grand justicier, quel bouleversement !

A quels hasards la Patrie ne serait-elle pas livrée! Moïse, Solon, Lycurgue, Justinien ont passé; leurs lois restent. D'ailleurs, il faut que l'homme sache ce qu'il doit faire et où il va; son intelligence réclame cette raison écrite que sa nature morale lui impose. Messieurs, en arrachant une Constitution aux volontés aveugles des princes, nos pères nous ont légué un bel héritage.

Il me reste maintenant à déterminer — la déduction sera facile — quels sont les devoirs réciproques des citoyens envers l'État et de l'État envers les citoyens.

Un philosophe éminent disait, dans une cérémonie semblable à celle qui nous réunit : « L'Université est la nation enseignante, comme l'Armée est la nation militante. » C'est donc l'État qui vous parlera par ma voix; je souhaite que cette prosopopée vous touche, jeunes gens, à la faveur de son patronage. Ma leçon n'est pas prématurée, car les écoliers d'aujourd'hui seront des hommes demain, les uns simples citoyens, les autres associés au gouvernement de leur cité, de leur département ou de leur pays.

Le premier de tous nos devoirs envers l'État, c'est le respect de la Constitution. Si certaines dispositions des lois nous paraissent erronées ou si l'organisation de l'État froisse les préjugés de notre éducation, nous n'en devons pas moins respecter toutes les institutions sociales. *Dura lex, sed lex.* Or, ne faut-il pas respecter aussi les hommes qui sont les représentants de la Loi ? C'est un devoir trop méconnu, Messieurs. Quand, par un coup de main, un tyran, c'est-à-dire un usurpateur, au sens antique du mot, s'empare du pouvoir, nous avons le droit de lui disputer notre hommage. Mais quand la volonté nationale a parlé, c'en est fait : les préjugés, les dissentiments personnels, les intérêts de caste, les rêveries humanitaires n'autorisent pas l'insubordination. On a dit autrefois : « La France est une tyrannie tempérée par des chansons. » Quelle que fût, en effet, l'étendue des pouvoirs royaux, le vieil esprit français triomphait de l'absolutisme. Nous n'avions pas de Chartes, mais la malice gauloise nous sauvegardait ; les rois avaient peur de notre gaîté. Les fabliaux, *Gargantua*, la *Satire Ménippée*, le *Mariage de*

Figaro, mille et un couplets qui affirmaient la liberté de la presse avant la presse, tout cela n'était-il pas comme une opinion écrite, un *veto* avec lequel les monarques absolus devaient compter ? La Russie a connu toutes les horreurs de la tyrannie, parce que ce n'est pas le pays des chansons. Or, aujourd'hui, il n'y a plus de maître en France, mais les Français chantent toujours. Nous aimons à travestir les intentions les plus pures, les mœurs les plus honnêtes ; nous calomnions même, sur la foi de quelque méchante gazette, sans nous douter que nous commettons une grande faute en discréditant notre pays dans la personne des hommes qui le représentent.

Il est encore, Messieurs, d'autres charges que l'association nous impose ; je les rapporterai à trois principales : l'impôt, le service militaire et le vote. Si l'homme vivait à sa guise au milieu de la Société, et sans que l'État fît rien pour lui, il aurait eu tort de s'associer. L'État a pour devoir de mettre en commun toutes les énergies, toutes les forces, d'en faire une sorte de faisceau, et de suppléer par les avantages de l'union à la faiblesse de l'individu. Mais pour assainir un pays, tracer des chemins, édifier des écoles, payer des fonctionnaires, il faut qu'il puise quelque part les ressources dont il a besoin. Or, nous avons dit que l'État, c'est nous ; et si nous voulons jouir des bénéfices que l'association nous crée, il faut que nous apportions chacun notre part. De quel droit l'homme qui ne verse rien au Trésor public fera-t-il usage des immunités sociales ? Ne peut-on pas penser de lui ce qu'on penserait d'un convive qui, dans une réunion d'amis, serait de toutes les fêtes sans jamais payer son écot ? La Société ne veut pas de parasites.

Mais il ne suffit pas de donner à la Patrie le concours de son argent. Un peuple est entouré de voisins plus ou moins redoutables qui puisent leur haine contre lui dans la différence des mœurs, des intérêts, et dans les rancunes accumulées de l'histoire. Un grand poëte a dit : « Guerre à la guerre ! » Hélas ! dans l'état actuel du monde, la guerre est une fatalité qu'il faut subir. La guerre, c'est quelquefois le combat pour la vie. La guerre, c'est quelquefois la Revanche. Le jour où la Patrie aura besoin du sang de ses enfants, tous devront être prêts à le verser pour elle.

Ici, deux sentiments sont en lutte : l'amour de la Patrie et l'amour de l'Humanité. Il serait difficile d'exprimer théoriquement lequel doit l'emporter dans le cœur de l'homme. Le patriotisme, ce n'est pas cette forfanterie de celui qui vante son pays, son département, sa ville, parce qu'ils ont l'honneur de le posséder ; ce n'est pas davantage cet attachement aveugle, qualifié de chauvinisme, qui nous fait fermer les yeux sur les mérites des autres nations et nous conduit souvent aux abîmes par l'excès de notre confiance. On peut dire que, quand les intérêts de la Patrie ne sont pas en jeu, nous devons accorder à l'étranger notre sympathie, avoir pour lui des sentiments de justice et de charité. Mais, puisque la rivalité de deux pays enfante quelquefois des luttes homicides, ne faut-il pas mettre le sol sacré de la Patrie au-dessus de la vie d'un ennemi? Que cet homme tombe, vaincu, incapable de nous nuire, on doit alors lui tendre une main fraternelle, étancher sa blessure, et, comme la lance d'Achille, fermer la plaie après l'avoir ouverte.

Il suffit de jeter un coup d'œil sur l'histoire de notre France pour y trouver des exemples de patriotisme plus éloquents que toutes les règles. La vie de Jeanne d'Arc en est le plus beau trait. Cette jeune fille qui fait paître ses troupeaux dans un étroit vallon de la Lorraine a appris que les Anglais désolent le royaume. La Patrie semble perdue ; ceux-là mêmes qui devraient être les premiers à la défendre la livrent à leurs honteuses passions. Le cœur de Jeanne saigne, ses beaux yeux pleurent ; elle sent en elle une force inconnue, lá force des faibles que le malheur a poussés à bout ; et, guidée par les voix de son imagination, elle part pour sauver la France. La science des docteurs, la brutalité des hommes de guerre, la jalousie des capitaines, les embûches des traîtres, la fatigue de la marche, les dangers du combat, rien ne l'arrête : son patriotisme l'élève au-dessus de tous les événements. Plus tard, vaincue, humiliée, trahie, elle montera au bûcher comme à l'assaut.

Ainsi, Messieurs, le sentiment patriotique qui sommeille au fond de nous peut s'élever jusqu'à l'héroïsme à l'heure du danger. Nous jouissons du sol natal, de l'air que l'on y respire, des arbres qui l'embellissent, du ruisseau qui y coule, comme de biens que nous ne devons jamais quitter. Mais, vienne l'exil : aussitôt les plus beaux paysages nous semblent tristes, le soleil le plus ardent nous glace, la brise n'a plus de caresses, les fleurs n'ont plus de parfums ; nous voudrions revoir le pays où s'est abritée notre enfance, le clocher, la maison, la promenade favorite, parfois aussi le tombeau où dorment ceux que nous avons aimés ! C'est surtout quand la Patrie est menacée que nous sentons notre amour pour elle. Alors, plus de rivalités, plus de partis : toutes les rancunes doivent se taire et fraterniser devant l'ennemi.

Le dernier devoir auquel nous sommes tenus envers l'État n'est pas le moins important, Messieurs. En instituant le suffrage universel, la France a appelé tous ses fils à l'honneur de choisir leurs représentants dans le gouvernement de la chose publique. C'est une impérieuse obligation pour tous les électeurs de prendre part au vote où ils sont conviés. Le bon citoyen est souvent un homme paisible, aimant à rester au coin de son feu ; mais les audacieux, ceux que l'ambition dévore, descendent dans la rue et font au besoin le coup de feu. Quels avantages n'auront pas les turbulents si les honnêtes gens abdiquent! C'est un devoir d'assurer par son vote les idées que l'on croit justes. L'indifférence est quelquefois de la lâcheté.

J'ai esquissé, Messieurs, les devoirs du simple citoyen. Combien la charge devient plus lourde quand on est appelé au périlleux honneur du gouvernement! Du haut en bas de l'échelle, ce ne sont que de dures obligations, d'écrasantes responsabilités. L'homme qui vit seul, au milieu de sa famille, peut se préoccuper à peine du reste du monde; il n'est tenu qu'à certains devoirs de justice et de charité qui sont gravés comme un code naturel au fond de notre cœur. Mais le citoyen qui ne redoute pas de devenir un législateur ou un pasteur de peuples, celui qui prend en sa main la destinée de tout un pays, ne saurait avoir seulement cette honnêteté vulgaire qui consiste à ne faire aucun mal et à faire un peu de bien; il devra posséder la sagesse qui prévoit, l'équité qui juge, l'abnégation qui met l'intérêt général au-dessus de l'intérêt particulier. Si sa raison faiblit, si avec les meilleures intentions il perd la partie, ses erreurs lui seront reprochées comme des crimes. Il faut être grand ou ne pas être. Nous devons compte à la Loi qui nous protège, aux hommes qui nous choisissent, aux siècles qui nous contemplent, des actions que nous accomplissons et d'où dépend le bonheur d'un peuple, aussi bien que la cause suprême de la justice.

Ne vous laissez pas effrayer, Messieurs, par tant de vertus civiques. Les plus humbles peuvent devenir de grands citoyens quand ils aiment l'État. Je dis avec intention l'État, car on ne saurait séparer ce mot de celui de Patrie. En 1792, les émigrés comme les républicains croyaient aimer la France; or, quand les nobles passaient le Rhin pour faire cause commune avec l'ennemi et que les volontaires de la République couraient à la frontière pour défendre le territoire menacé, de quel côté était le patriotisme? — Ah! n'en doutez pas, il était du côté de ceux qui osaient dire :

Amour sacré de la Patrie,
Conduis, soutiens nos bras vengeurs